Saturate the Atmosphere With Prayer

Saturate the Atmosphere With Prayer

Saturate the Atmosphere With Prayer

Saturate the Atmosphere With Prayer

Saturate the Atmosphere With Prayer

Saturate the Atmosphere With Prayer

Saturate the Atmosphere With Prayer

Saturate the Atmosphere With Prayer

Saturate the Atmosphere With Prayer

Saturate the Atmosphere With Prayer

Saturate the Atmosphere With Prayer

Saturate the Atmosphere With Prayer

Saturate the Atmosphere With Prayer

Saturate the Atmosphere With Prayer

Saturate the Atmosphere With Prayer

Saturate the Atmosphere With Prayer

Saturate the Atmosphere With Prayer

Saturate the Atmosphere With Prayer

Saturate the Atmosphere With Prayer

Saturate the Atmosphere With Prayer

Saturate the Atmosphere With Prayer

Saturate the Atmosphere With Prayer

Saturate the Atmosphere With Prayer

Saturate the Atmosphere With Prayer

Saturate the Atmosphere With Prayer

Saturate the Atmosphere With Prayer

Saturate the Atmosphere With Prayer

Saturate the Atmosphere With Prayer

Saturate the Atmosphere With Prayer

Saturate the Atmosphere With Prayer

Saturate the Atmosphere With Prayer

Saturate the Atmosphere With Prayer

Saturate the Atmosphere With Prayer

Saturate the Atmosphere With Prayer

Saturate the Atmosphere With Prayer

Saturate the Atmosphere With Prayer

Saturate the Atmosphere With Prayer

Saturate the Atmosphere With Prayer

Saturate the Atmosphere With Prayer

Saturate the Atmosphere With Prayer

Saturate the Atmosphere With Prayer

Saturate the Atmosphere With Prayer

Saturate the Atmosphere With Prayer

Saturate the Atmosphere With Prayer

Saturate the Atmosphere With Prayer

Saturate the Atmosphere With Prayer

Saturate the Atmosphere With Prayer

Saturate the Atmosphere With Prayer

Saturate the Atmosphere With Prayer

Saturate the Atmosphere With Prayer

Saturate the Atmosphere With Prayer

Saturate the Atmosphere With Prayer

Saturate the Atmosphere With Prayer

Saturate the Atmosphere With Prayer

Saturate the Atmosphere With Prayer

Saturate the Atmosphere With Prayer

Saturate the Atmosphere With Prayer

Saturate the Atmosphere With Prayer

Saturate the Atmosphere With Prayer

Saturate the Atmosphere With Prayer

Saturate the Atmosphere With Prayer

Saturate the Atmosphere With Prayer

Saturate the Atmosphere With Prayer

Saturate the Atmosphere With Prayer

Saturate the Atmosphere With Prayer

Saturate the Atmosphere With Prayer

Saturate the Atmosphere With Prayer

Saturate the Atmosphere With Prayer

Saturate the Atmosphere With Prayer

Saturate the Atmosphere With Prayer

Saturate the Atmosphere With Prayer

Saturate the Atmosphere With Prayer

Saturate the Atmosphere With Prayer

Saturate the Atmosphere With Prayer

Saturate the Atmosphere With Prayer

Saturate the Atmosphere With Prayer

Saturate the Atmosphere With Prayer

Saturate the Atmosphere With Prayer

Saturate the Atmosphere With Prayer

Saturate the Atmosphere With Prayer

Saturate the Atmosphere With Prayer

Saturate the Atmosphere With Prayer

Saturate the Atmosphere With Prayer

Saturate the Atmosphere With Prayer

Saturate the Atmosphere With Prayer

Saturate the Atmosphere With Prayer

Saturate the Atmosphere With Prayer

Saturate the Atmosphere With Prayer

Saturate the Atmosphere With Prayer

Saturate the Atmosphere With Prayer

Saturate the Atmosphere With Prayer

Saturate the Atmosphere With Prayer

Saturate the Atmosphere With Prayer

Saturate the Atmosphere With Prayer

Saturate the Atmosphere With Prayer

Saturate the Atmosphere With Prayer

Saturate the Atmosphere With Prayer

Saturate the Atmosphere With Prayer

Saturate the Atmosphere With Prayer

Made in the USA
Columbia, SC
18 April 2023

a26067b0-419f-4215-a0a5-1041ea9bd468R02